Impressum
Verlag. BABADADA GmbH, Nedderfeld 112 , 22529 Hamburg
Geschäftsführer / Verlagsleitung: Harald Hof
Druck: Books on Demand GmbH, In de Tarpen 42, 22848 Norderstedt

Imprint
Publisher: BABADADA GmbH, Nedderfeld 112 , 22529 Hamburg, Germany
Managing Director / Publishing direction: Harald Hof
Print: Books on Demand GmbH, In de Tarpen 42, 22848 Norderstedt, Germany

AF234527

مدرسه

مدرسه

escuela

کلاس درس
aula
تقسیم کردن
dividir
186/2
تخته
pizarra
حیاط مدرسه
patio
معلم
maestro/a
کاغذ
papel
نوشتن
escribir
خودکار
bolígrafo
میز تحریر
escritorio
خط کش
regla
کتاب
libro
دانش آموز
alumno/a

کیف مدرسه
cartera

جامدادی
caja de lápices

مداد
lápiz

تراش
sacapuntas

پاک کن
goma de borrar

دفتر رسم
cuaderno de dibujo

طراحی

dibujo

قلم مو

pincel

جعبه ی آبرنگ

caja de pinturas

قیچی

tijeras

چسب

pegamento

كتاب تمرين

cuaderno de ejercicios

تكليف خانه

deberes

12

رقم

número

2+2

جمع كردن

sumar

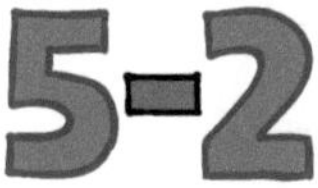

5-2

تفريق كردن

restar

2×2

ضرب كردن

multiplicar

محاسبه كردن

calcular

A

حرف الفبا

letra

ABCDEFG HIJKLMN OPQRSTU VWXYZ

الفبا

alfabeto

hello

كلمه

palabra

متن

texto

خواندن

leer

گچ

tiza

درس

lección

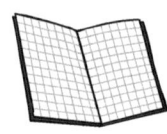

ثبت نام

cuaderno de notas

امتحان

examen

مدرک رسمی

certificado

لباس مدرسه

uniforme escolar

تحصیلات

educación

دانشنامه

enciclopedia

دانشگاه

universidad

میکروسکوپ

microscopio

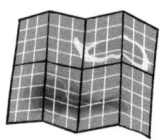

نقشه

mapa

سبد کاغذ باطله

papelera

سفر
viaje

هتل
hotel
مسافرخانه
albergue
صرافی
oficina de cambio de divisas
چمدان
maleta
اتومبیل
coche

زبان
idioma

بله / خیر
sí / no

اُکی
Vale

سلام
hola

مترجم
traductor

ممنون
Gracias

قیمت ... چه قدر است؟

¿cuánto es…?

من متوجه نمی شوم

No entiendo

مشكل

problema

عصر بخیر! / شب بخیر!

¡Buenas tardes!

صبح بخیر!

¡Buenos días!

شب بخیر!

¡Buenas noches!

خداﻧگهدار

adiós

جهت

dirección

بار سفر

equipaje

كيف

bolsa

كوله پشتی

mochila

مهمان

invitado

اتاق

habitación

كيسه خواب

saco de dormir

خيمه

tienda de campaña

6   سفر - viaje

مرکز راهنمای گردشگران

información turística

ساحل

playa

کارت اعتباری

tarjeta de crédito

صبحانه

desayuno

نهار

almuerzo

شام

cena

بلیط

billete

آسانسور

ascensor

مهر

sello

مرز

frontera

گمرک

aduana

سفارتخانه

embajada

ویزا

visa

گذرنامه

pasaporte

حمل و نقل

transporte

هواپیما
avión
کشتی
barco
ماشین آتش نشانی
coche de bomberos
اتوبوس
autobús
کامیون
camión
قایق موتوری
lancha a motor
دوچرخه
bicicleta
اتومبیل
coche

کشتی مسافربری

transbordador

قایق

barca

موتورسیکلت

moto

ماشین پلیس

coche de policía

ماشین مسابقه

coche de carreras

ماشین کرایه ای

coche de alquiler

به اشتراک گذاری اتوموبیل

préstamo de vehículos

جرثقیل

grúa

ماشین حمل زباله

camión de la basura

موتور

motor

بنزین

gasolina

پمپ بنزین

gasolinera

تابلو راهنمایی و رانندگی

señal de tráfico

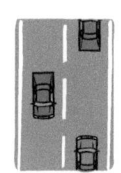

عبور و مرور

tráfico

ترافیک

atasco

پارکینگ

aparcamiento

ایستگاه قطار

estación de tren

ریل راه آهن

vías

قطار

tren

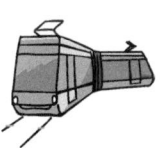

قطار برقی

tranvía

واگن

vagón

هليكوپتر

helicóptero

فرودگاه

aeropuerto

برج

torre

مسافر

pasajero

کانتینر

contenedor

کارتن

caja de cartón

گاری

carretilla

سبد

cesta

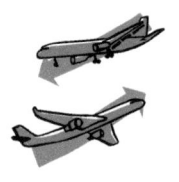

به پرواز درآمدن / فرود آمدن

despegar / aterrizar

شهر

ciudad

دهکده

pueblo

مرکز شهر

centro de ciudad

خانه

casa

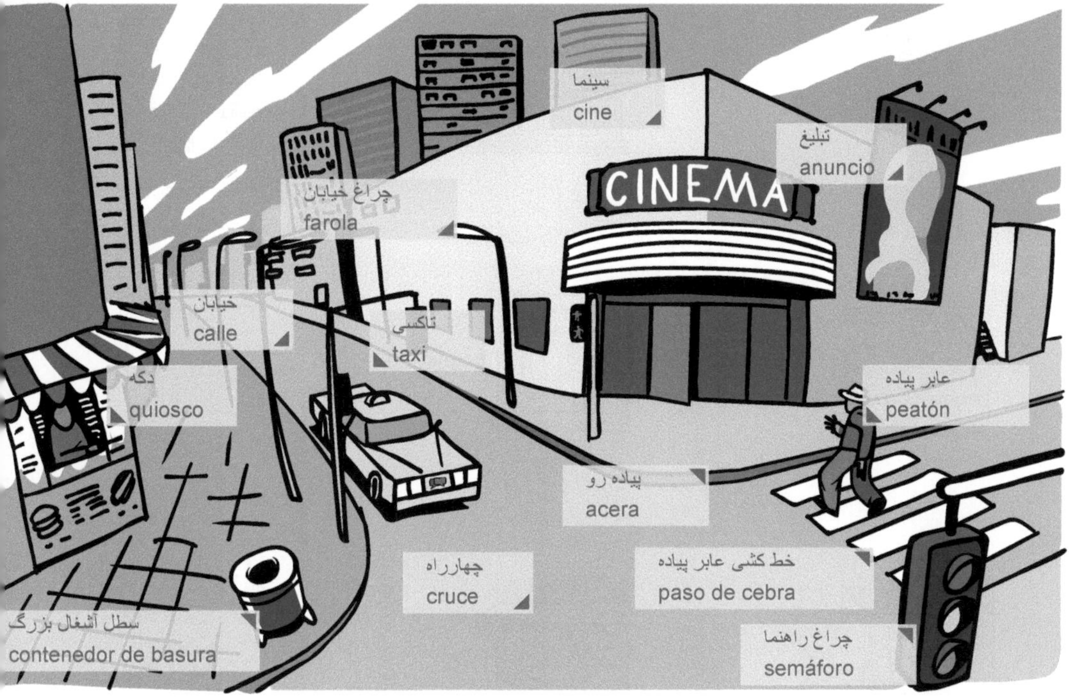

سینما
cine

تبلیغ
anuncio

چراغ خیابان
farola

خیابان
calle

تاکسی
taxi

دکه
quiosco

عابر پیاده
peatón

پیاده رو
acera

چهارراه
cruce

خط کشی عابر پیاده
paso de cebra

سطل آشغال بزرگ
contenedor de basura

چراغ راهنما
semáforo

کلبه
cabaña

آپارتمان
apartamento

ایستگاه قطار
estación de tren

ساختمان شهرداری
ayuntamiento

موزه
museo

مدرسه
escuela

دانشگاه

universidad

بانک

banco

بیمارستان

hospital

هتل

hotel

داروخانه

farmacia

اداره

oficina

کتابفروشی

librería

مغازه

tienda

گل فروشی

floristería

سوپرمارکت

supermercado

بازار

mercado

فروشگاه بزرگ

grandes almacenes

ماهی فروش

pescadería

مرکز خرید

centro comercial

بندر

puerto

پارک
....
parque

نیمکت
....
banco

پل
....
puente

پله
....
escaleras

مترو
....
metro

تونل
....
túnel

ایستگاه اتوبوس
....
parada de autobús

میخانه
....
bar

رستوران
....
restaurante

صندوق پست
....
buzón

تابلوی خیابان
....
poste indicador

دستگاه پارکومتر
....
parquímetro

باغ وحش
....
zoo

استخر شنای عمومی
....
piscina

مسجد
....
mezquita

مزرعه

granja

آلودگی محیط زیست

contaminación

قبرستان

cementerio

کلیسا

iglesia

زمین بازی

patio de juego

معبد

templo

چشم انداز

paisaje

برگ
hoja

تابلوی راهنمای مسیر
señal

راه
camino

چمنزار
prado

سنگ
piedra

راه نورد
excursionista

درخت
árbol

رودخانه
río

چمن
hierba

گل
flor

دره
....
valle

تپه
....
colina

دریاچه
....
lago

جنگل
....
bosque

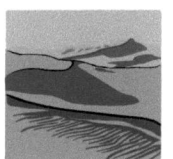

بیابان
....
desierto

کوه آتشفشان
....
volcán

قلعه
....
castillo

رنگین کمان
....
arcoíris

قارچ
....
champiñón

درخت نخل
....
palmera

پشه
....
mosquito

مگس
....
mosca

مورچه
....
hormiga

زنبور
....
abeja

عنکبوت
....
araña

سوسک

escarabajo

قورباغه

rana

سنجاب

ardilla

جوجه تیغی

erizo

خرگوش صحرایی

liebre

جغد

lechuza

پرنده

pájaro

قو

cisne

گراز

jabalí

گوزن نر

ciervo

گوزن شمالی

alce

سد آب

presa

توربین بادی

turbina eólica

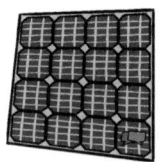

صفحه ی خورشیدی

panel solar

آب و هوا

clima

رستوران
restaurante

camarero
منوی غذا
menú
صندلی
silla
سوپ
sopa
پیتزا
pizza
سرویس کارد و قاشق و چنگال
cubertería
رومیزی
mantel

پیش‌غذا

primer plato

غذای اصلی

plato principal

دسر

postre

نوشیدنی ها

bebidas

غذا

comida

بطری

botella

فست فود

comida rápida

اغذیه خیابانی

comida callejera

قوری

tetera

قندان

azucarero

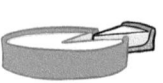

پُرس غذا

porción

دستگاه اسپرسو

cafetera expreso

صندلی پایه بلند غذاخوری بچه

trona

صورتحساب

cuenta

سینی

bandeja

چاقو

cuchillo

چنگال

tenedor

قاشق

cuchara

قاشق چایخوری

cucharilla

دستمال سفره

servilleta

لیوان

vaso

بشقاب

plato

بشقاب سوپخوری

plato hondo

نعلبکی

platillo

سس

salsa

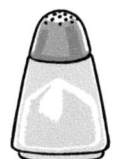

نمکدان

salero

فلفل ساب

molinillo de pimienta

سرکه

vinagre

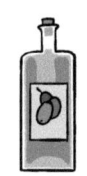

روغن خوراکی

aceite

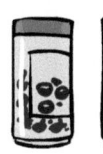

ادویه جات

especias

سس کچاپ

ketchup

سس خردل

mostaza

سس مایونز

mayonesa

سوپرمارکت

supermercado

پیشنهاد ویژه
oferta especial
FOR
مشتری
cliente
لبنیات
lácteos
میوه جات
fruta
چرخ دستی خرید
carro de la compra

قصابی

carnicería

نانوایی

panadería

وزن کردن

pesar

سبزیجات

verduras

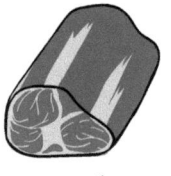

گوشت

carne

غذای منجمد

alimentos congelados

مخلوطی از انواع کالباس یا پنیر که
ورقه ای بریده شده باشند
....
fiambres

غذای کنسروی
....
conservas

پودر لباسشویی
....
detergente en polvo

شیرینی جات
....
dulces

لوازم خانگی
....
productos de uso doméstico

ماده شوینده و پاک کننده
....
productos de limpieza

فروشنده
....
vendedora

صندوق پرداخت
....
caja

صندوقدار
....
cajero

لیست خرید
....
lista de la compra

ساعات کار
....
horario de atención al
público

کیف پول
....
cartera

کارت اعتباری
....
tarjeta de crédito

کیف
....
bolsa

کیسه ی پلاستیکی
....
bolsa de plástico

نوشیدنی ها

bebidas

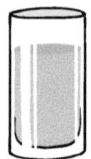

آب

agua

آبمیوه

zumo

شیر

leche

نوشابه کوکاکولا

cola

شراب

vino

آبجو

cerveza

الکل

alcohol

کاکائو

cacao

چای

té

قهوه

café

قهوه اسپرسو

expreso

کاپوچینو

capuchino

غذا

comida

موز

....

plátano

سیب

....

manzana

پرتقال

....

naranja

انواع هندوانه و خربزه

....

melón

لیمو

....

limón

هویج

....

zanahoria

سیر

....

ajo

نی بامبو

....

bambú

پیاز

....

cebolla

قارچ

....

champiñón

آجیل

....

avellanas

ماکارونی

....

fideos

اسپاگتی

....

espagueti

برنج

....

arroz

سالاد

....

ensalada

سیب زمینی سرخ کرده

....

patatas fritas

سیب زمینی سرخ شده

....

patatas fritas

پیتزا

....

pizza

همبرگر

....

hamburguesa

ساندویچ

....

sándwich

شنیتسل

....

filete

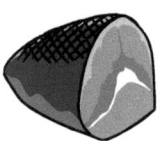

ژامبون خوک

....

jamón

سالامی

....

salami

سوسیس

....

salchicha

مرغ

....

pollo

نوعی گوشت سرخ شده

....

asado

ماهی

....

pescado

جوی پرک شده
....
copos de avena

نوعی صبحانه مخلوطی از برگه ذرت و
میوه های خشک شده و خشکبار که
معمولا با شیر خورده می شود
muesli

کورن‌فلکس
....
copos de maíz

آرد
....
harina

کرواسان
....
cruasán

نان بروتشن
....
panecillo

نان
....
pan

نان تست
....
tostada

بیسکویت
....
galletas

گره
....
mantequilla

کشک
....
cuajada

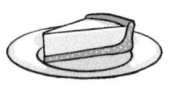

کیک
....
pastel

تخم مرغ
....
huevo

تخم مرغ نیمرو
....
huevo frito

پنیر
....
queso

بستنى

helado

شکر

azúcar

عسل

miel

مربا

mermelada

کرم شکلاتی بادامی

crema de turrón

ادویه کاری

curry

مزرعه
granja

خانه ی مزرعه داران
granja
انبار غله
granero
خرمن کاه
fardo de paja
مزرعه
campo
اسب
caballo
ماشین یدک کش
remolque
تراکتور
tractor
کره اسب
potro
خر
burro
گوسفند
oveja
بره
cordero

بز
cabra

گاو ماده
vaca

گوساله
ternero

خوک
cerdo

بچه خوک
cerdito

گاو نر
toro

مزرعه - granja 27

غاز

ganso

اردک

pato

جوجه

pollo

مرغ

gallina

خروس

gallo

موش صحرایی

rata

گربه

gato

موش

ratón

گاو نر اخته

buey

سگ

perro

لانه ی سگ

perrera

شلنگ باغبانی

manguera

آبپاش

regadera

داس دسته بلند

guadaña

گاوآهن

arado

داس
....
hoz

کج بیل
....
azada

چنگک باغبانی
....
horca

تبر
....
hacha

فرقون
....
carretilla

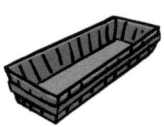

آبشخور
....
abrevadero

بطری نگهداری شیر
....
lechera

کیسه
....
saco

حصار
....
valla

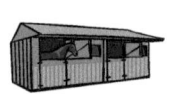

اصطبل
....
establo

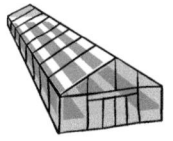

گلخانه
....
invernadero

خاک
....
suelo

بذر
....
semilla

کود
....
fertilizador

ماشین کمباین
....
cosechadora

برداشت کردن محصول

cosechar

محصول

cosecha

تمیس

ñame

گندم

trigo

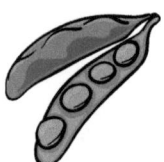

سویا

soja

سیب زمینی

patata

ذرت

maíz

کلزا

semilla de colza

درخت میوه

árbol frutal

گیاه مانیوک

mandioca

غلات

cereales

خانه

casa

دودکش
chimenea
پشت بام
tejado
ناودان
canalón
پنجره
ventana
گاراژ
garaje
زنگ در
timbre
در
puerta
سطل آشغال
cubo de la basura
صندوق مراسلات
buzón
باغ
jardín

اتاق نشیمن

sala

حمام

cuarto de baño

آشپزخانه

cocina

اتاق خواب

dormitorio

اتاق بچه

habitación de los niños

ناهارخوری

comedor

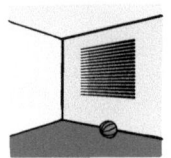

كف زمين
....
suelo

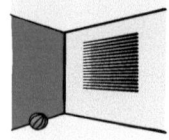

ديوار
....
pared

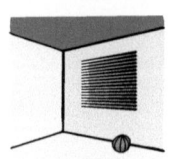

سقف
....
techo

زيرزمين
....
sótano

سونا
....
sauna

بالكن
....
balcón

تراس
....
terraza

استخر
....
piscina

ماشين چمنزنى
....
cortacésped

ملافه
....
sábana

روتختى
....
colcha

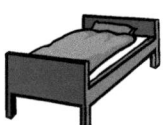

تخت خواب
....
cama

جارو
....
escoba

سطل
....
balde

سويچ يا كليد
....
interruptor

اتاق نشیمن

sala

کاغذ دیواری
papel pintado
عکس
imagen
لامپ
lámpara
قفسه
estante
کابینت
armario
تلویزیون
televisión
شومینه
chimenea
گل
flor
کوسن
cojín
کاناپه
sofá
گلدان
jarrón
کنترل تلویزیون و ویدئو و غیره
mando a distancia

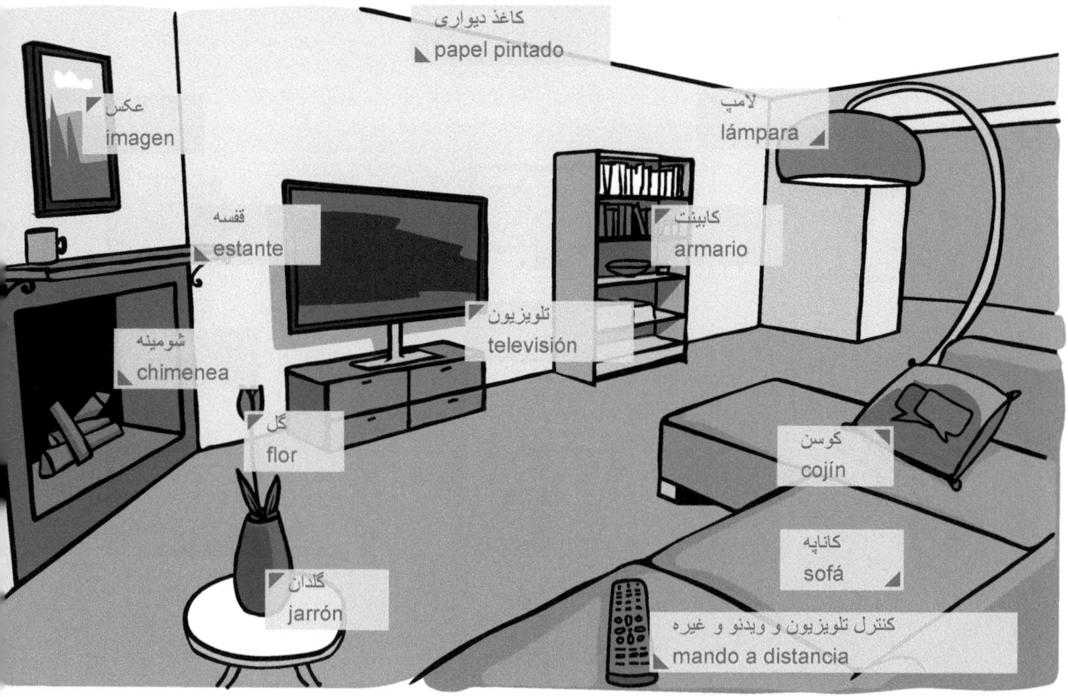

فرش

alfombra

پرده

cortina

میز

mesa

صندلی

silla

صندلی گهواره ایی

mecedora

صندلی راحتی

butaca

كتاب

libro

لحاف

manta

دكوراسيون

decoración

هيزم

leña

فيلم

película

دستگاه ضبط صوت

equipo de música

كليد

llave

روزنامه

periódico

تابلو نقاشى

pintura

پوستر

póster

راديو

radio

دفترچه يادداشت

cuaderno

جاروبرقى

aspiradora

كاكتوس

cactus

شمع

vela

آشپزخانه
cocina

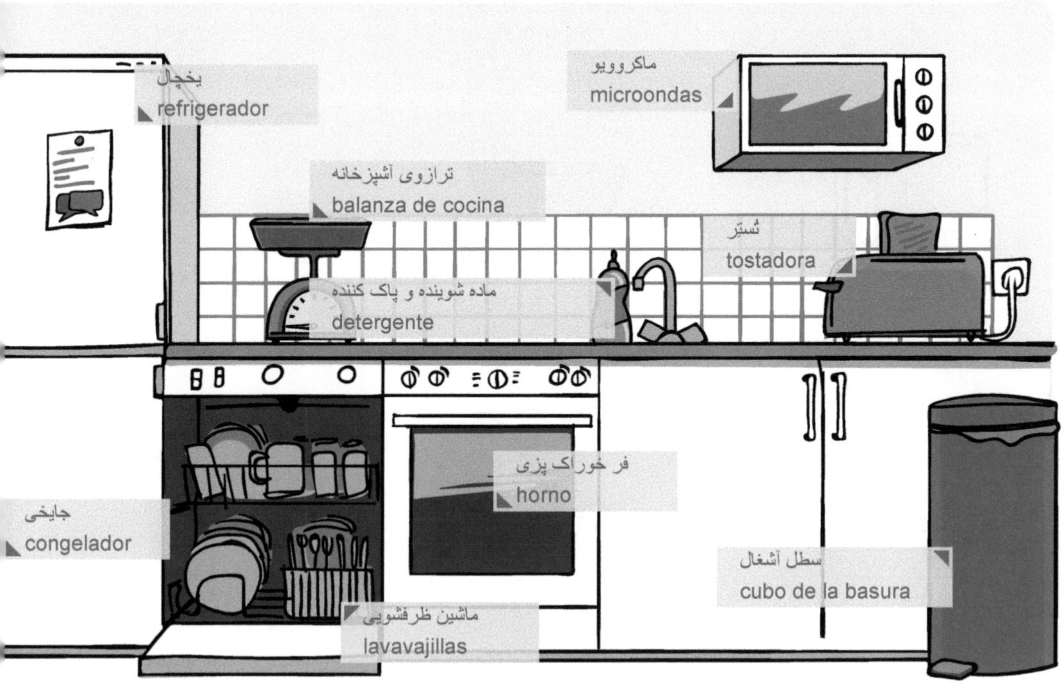
یخچال
refrigerador
ماکروویو
microondas
ترازوی آشپزخانه
balanza de cocina
تُستِر
tostadora
ماده شوینده و پاک کننده
detergente
فر خوراک پزی
horno
جایخی
congelador
سطل آشغال
cubo de la basura
ماشین ظرفشویی
lavavajillas

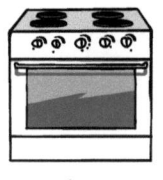

اجاق گاز

olla a presión

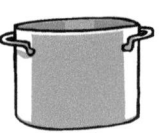

قابلمه

olla

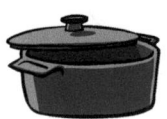

قابلمه چدنی

olla de hierro fundido

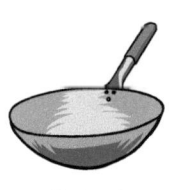

ماهی تابه گود

wok / karahi

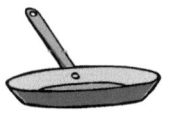

ماهی تابه

cazuela

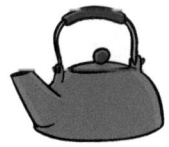

کتری

hervidor

بخارپز
....
vaporera

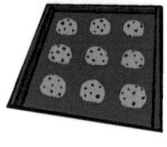

سینی فر
....
chapa de horno

ظرف چینی آشپزخانه
....
vajilla

لیوان
....
taza

کاسه
....
tazón

چاپستیک
....
palillos

ملاقه
....
cucharón

کفگیر
....
espumadera

همزن
....
batidor

آبکش
....
colador

آبکش
....
cedazo

رنده
....
rallador

هاون
....
mortero

باربیکیو
....
barbacoa

محل مخصوص افروختن آتش
....
hoguera

تخته گوشت و سبزی

tabla de picar

وردنه

rodillo

در بطری بازکن

sacacorchos

قوطی

lata

در قوطی بازکن

abrelatas

دستگیره پارچه ای

agarrador

سینک ظرفشویی

lavabo

برس گردگیری

cepillo

اسفنج

esponja

مخلوط کن

batidora

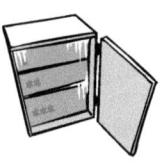

فریزر

congelador

شیشه شیر بچه

biberón

شیر آب

grifo

حمام

cuarto de baño

دوش
ducha
بخاری
calefacción
حوله
toalla
پرده ی حمام
cortina de la ducha
حمام کف
baño de espuma
وان حمام
bañera
لیوان
vaso
ماشین لباسشویی
lavadora
شیر آب
grifo
کاشی
baldosas
لگن دستشویی کودکان
orinal
سینک ظرفشویی
lavabo

توالت

inodoro

توالت ایرانی

inodoro rústico

کاسه توالت

bidé

توالت مخصوص آقایان

urinario

دستمال توالت

papel higiénico

فرچه توالت

escobilla del váter

مسواک

cepillo de dientes

خمیردندان

pasta de dientes

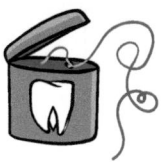

نخ دندان

hilo dental

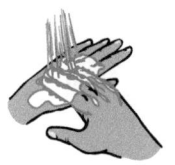

شستن

lavar

دوش آب تلفنی

ducha de mano

شلنگ توالت

ducha íntima

لگن روشویی

pila

برس شست و شوی پشت

cepillo de espalda

صابون

jabón

شامپو بدن

gel de ducha

شامپو

champú

لیف حمام

toallita

راه آب

desagüe

کرم

crema

اسپری دئودورانت

desodorante

آيينه

espejo

آيينه ى كوچک دستى

espejo de tocador

تیغ ریش تراشی

maquinilla de afeitar

كف ریش‌تراشی

espuma de afeitar

آفترشیو

loción postafeitado

شانه ى سر

peine

برس

cepillo

سشوار

secador

أسپرى مو

laca

آرايش

maquillaje

رژلب

pintalabios

لاک ناخن

pintauñas

پنبه

algodón

قیچى ناخن

cortauñas

عطر

perfume

کیف لوازم آرایشی و بهداشتی

estuche de viaje

چهارپایه

banqueta

ترازو

balanza

حوله ی پالتویی

albornoz

دستکش ظرفشویی

guantes de goma

تامپون

tampón

نوار بهداشتی

compresa

توالت سیار

inodoro químico

اتاق بچه

habitación de los niños

ساعت زنگدار
despertador
نوعی عروسک نرم به شکل حیوانات
peluche
ماشین اسباب بازی
coche de juguete
جغجغه
sonajero
خانه ی عروسکی
casa de muñecas
کادو
regalo

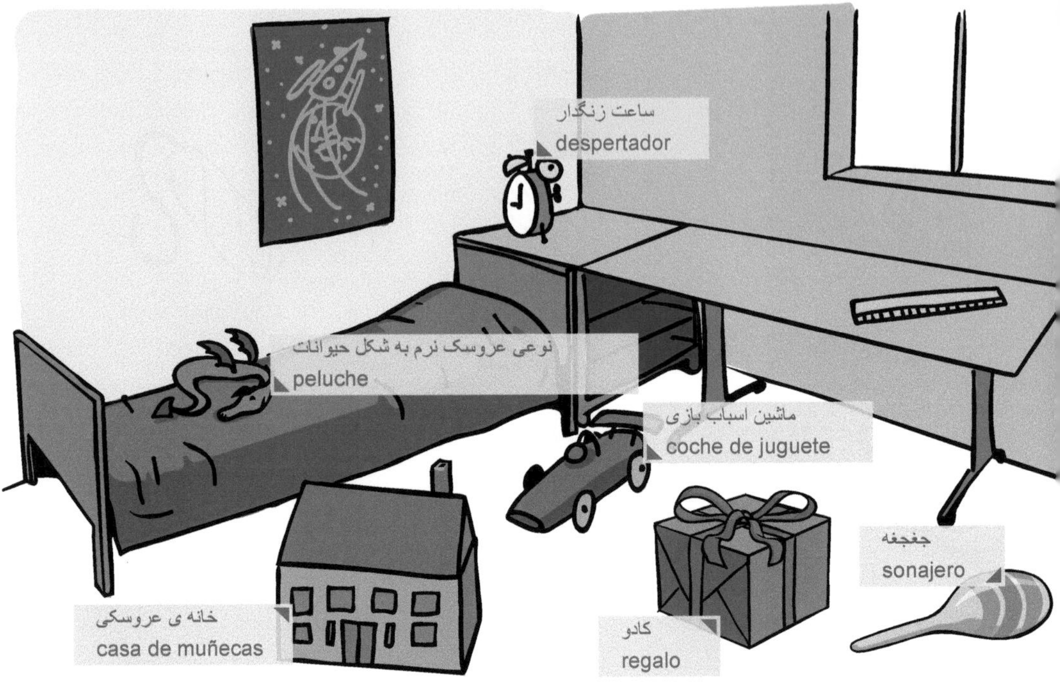

بادکنک

globo

تخت خواب

cama

کالسکه بچه

coche de niño

بازی ورق

naipes

پازل

puzle

داستان مصور

tebeo

اسباب بازی لگو

piezas de lego

خانه سازی

bloques de juguete

عروسک شخصیت های فیلم و کارتون

figura de acción

لباس نوزاد

bodi (de bebé)

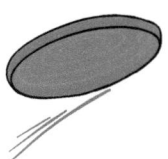

فریزبی

frisbee

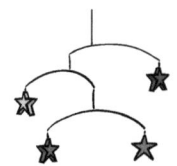

نوعی اسباب بازی که روی تخت نوزاد
یا کودک نصب می شود

colgador móvil para bebés

بازی روی صفحه

juego de mesa

تاس

dados

قطار اسباب بازی

circuito de tren eléctrico

پستانک

maniquí

مهمانی

fiesta

کتاب مصور

álbum de fotos

توپ

pelota

عروسک

muñeca

بازی کردن

jugar

جعبه شنی مخصوص بازی کودکان

cajón de arena

تاب

columpio

اسباب بازی

juguetes

کنسول بازی های کامپیوتری

videoconsola

سه چرخه

triciclo

خرس عروسکی

oso de peluche

کمد لباس

guardarropa

لباس

ropa

جوراب

calcetines

جوراب زنانه ساق بلند

medias

جوراب شلواری

leotardos

شال
bufanda

چتر
paraguas

تی شرت
camiseta

کمربند
cinturón

پوتین
botas

دمپایی
zapatillas

کفش ورزشی کتانی
deportivas

صندل
....
sandalias

کفش
....
zapatos

چکمه پلاستیکی
....
botas de goma

شرت
....
sllp

سوتین
....
sostén

جلیقه
....
chaleco

بادی

bodi

شلوار

pantalones

جین

vaqueros

دامن

falda

بلوز

blusa

پیراهن

camisa

پولیور

jersey

سویی شرت

suéter

نوعی کت

blazer

ژاکت

chaqueta

کت بلند

abrigo

بارانی

gabardina

لباس نمایش

traje

لباس

vestido

لباس عروس

vestido de novia

كت و شلوار

traje

لباس خواب زنانه

camisón

پیژامه

pijama

ساری

sari

روسری

bandana

عمامه

turbante

برقع

burka

قبا

caftán

عبا

abaya

لباس شنا

traje de baño

شرت شنا

bañador

شلوارک

pantalones cortos

لباس ورزشی

chándal

پیشبند

delantal

دستکش

guantes

دکمه

botón

عینک

gafas

دستبند

brazalete

گردنبند

collar

انگشتر

anillo

گوشواره

pendiente

کلاه لبه دار

gorra

چوب لباسی

percha

کلاه

sombrero

کراوات

corbata

زیپ

cremallera

کلاه ایمنی

casco

بند شلوار

tirantes

لباس مدرسه

uniforme escolar

لباس فرم

uniforme

پیش بند بچه

babero

پستانک

maniquí

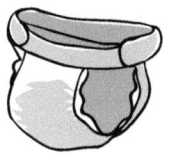

پوشک بچه

pañal

اداره

oficina

سرور
servidor
کمد نگهداری پرونده
archivo
چاپگر
impresora
کاغذ
papel
مانیتور
monitor
ماوس
ratón
میز تحریر
escritorio
زونکن
carpeta
صفحه کلید
teclado
سبد کاغذ باطله
papelera
کامپیوتر
ordenador
صندلی
silla

لیوان قهوه

taza de café

ماشین حساب

calculadora

اینترنت

internet

لپ تاپ

portátil

نامه

carta

پیغام

mensaje

تلفن همراه

móvil

شبکه ی ارتباطی

red

دستگاه فتوکپی

fotocopiadora

نرم افزار

software

تلفن

teléfono

پریز

toma de corriente

دستگاه فاکس

fax

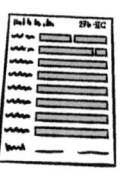

فرم

formulario

مدرک

documento

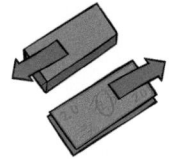

خریدن

comprar

پرداخت کردن

pagar

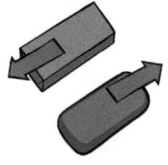

تجارت کردن

comerciar

پول

dinero

دلار

dólar

یورو

euro

ین

yen

روبل

rublo

فرانک سوئیس

franco suizo

یوان رنمینبی

renminbi yuan

روپیه

rupia

دستگاه خودپرداز

cajero automático

صرافی

oficina de cambio de divisas

طلا

oro

نقره

plata

نفت

petróleo

انرژی

energía

قیمت

precio

قرارداد

contrato

مالیات

impuesto

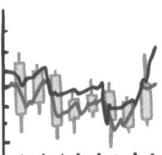

سهام سرمایه

acción

کار کردن

trabajar

کارمند

empleado

کارفرما

empleador

کارخانه

fábrica

مغازه

tienda

مشاغل
oficios

مامور پلیس
agente de policía
آتش نشان
bombero
آشپز
cocinero
دکتر
médico
خلبان
piloto

باغبان
....
jardinero

نجار
....
carpintero

خیاط زنانه
....
costurera

قاضی
....
juez

شیمیدان
....
farmacéutico

بازیگر
....
actor

راننده اتوبوس

conductor de autobús

راننده تاکسی

taxista

ماهیگیر

pescador

نظافتچی زن

señora de la limpieza

سقف ساز

techador

پیشخدمت رستوران

camarero

شکارچی

cazador

نقاش

pintor

نانوا

panadero

برقکار

electricista

کارگر ساختمانی

obrero

مهندس

ingeniero

قصاب

carnicero

لوله کش

fontanero

پستچی

cartero

سرباز

soldado

معمار

arquitecto

صندوقدار

cajero

گل فروش

florista

آرایشگر

peluquero

مامور کنترل بلیط در قطار

revisor

مکانیک

mecánico

ناخدا

capitán

دندانپزشک

dentista

دانشمند

científico

عالم یهودی

rabino

امام

imán

راهب

monje

کشیش

sacerdote

ابزارآلات
herramientas

چکش
martillo
انبردست
alicates
پیچ گوشتی
destornillador
آچار
llave
چراغ قوه
linterna

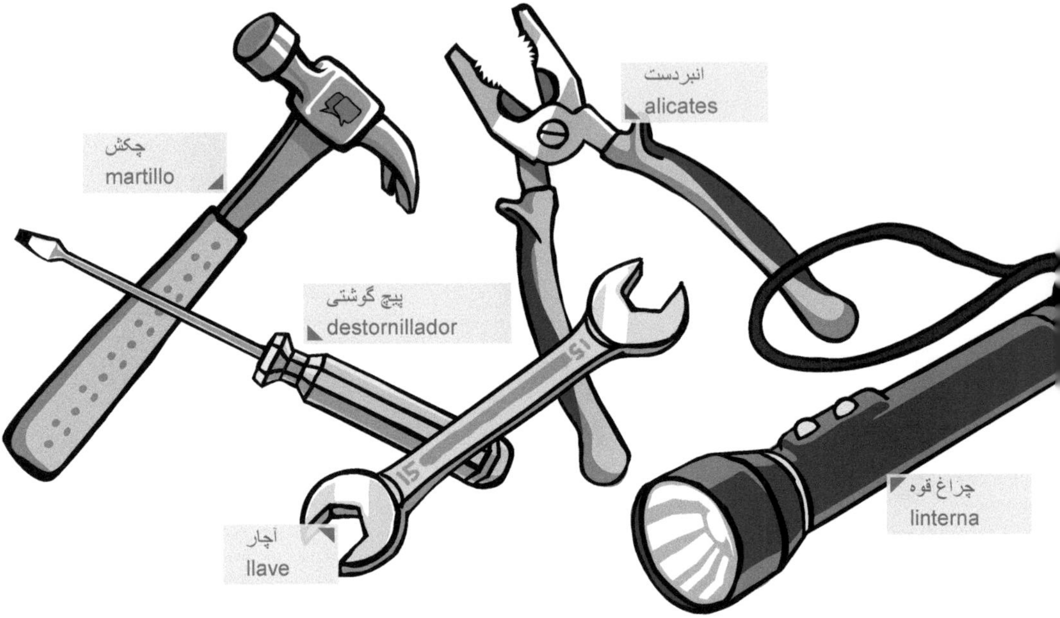

بیل مکانیکی

excavadora

جعبه ابزار

caja de herramientas

نردبان

escalera de mano

ارّه

sierra

میخ

clavos

مته

taladro

تعمیر کردن

reparar

بیل

pala

لعنتی!

¡Maldita sea!

خاک انداز

recogedor

سطل رنگرزی

bote de pintura

پیچ

tornillos

آلات موسیقی

instrumentos musicales

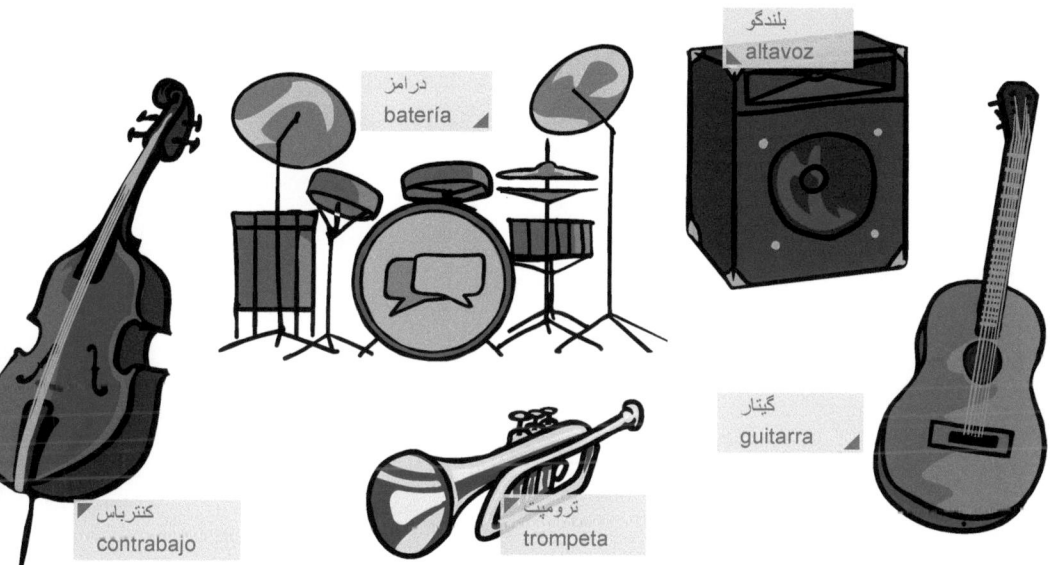

بلندگو
altavoz

درامز
batería ◄

کنترباس
contrabajo

ترومپت
trompeta

گیتار
guitarra ◄

پیانو

piano

ویولن

violín

گیتار بیس

bajo

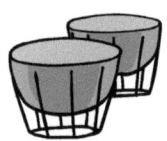

تیمپانی

timbales

طبل

tambor

کیبورد الکتریک

teclado

ساکسیفون

saxofón

فلوت

flauta

میکروفون

micrófono

آلات موسیقی - instrumentos musicales

باغ وحش

ZOO

ورودی
entrada
ببر
tigre
قفس
jaula
گورخر
cebra
خوراک حیوانات
pienso
خرس پاندا
panda

حیوانات
....
animales

فیل
....
elefante

کانگورو
....
canguro

کرگدن
....
rinoceronte

گوریل
....
gorila

خرس
....
oso

شتر

....

camello

شترمرغ

....

avestruz

شیر

....

león

میمون

....

mono

فلامینگو

....

flamingo

طوطی

....

loro

خرس قطبی

....

oso polar

پنگوئن

....

pingüino

کوسه

....

tiburón

طاووس

....

pavo real

مار

....

serpiente

تمساح

....

cocodrilo

نگهبان باغ وحش

....

guardián de zoológico

خوک آبی

....

foca

پلنگ امریکایی

....

jaguar

اسب کوچک
....
poni

پلنگ
....
leopardo

اسب آبی
....
hipopótamo

زرافه
....
jirafa

عقاب
....
águila

گراز
....
jabalí

ماهی
....
pescado

لاک پشت
....
tortuga

شیرماهی
....
morsa

روباه
....
zorro

غزال
....
gacela

deportes

فوتبال آمریکایی
fútbol americano

دوچرخه سواری
ciclismo

تنیس
tenis

بسکتبال
baloncesto

شنا
natación

بوکس
boxeo

هاکی روی یخ
hockey sobre hielo

فوتبال
fútbol

بدمینتون
bádminton

دوومیدانی
atletismo

هندبال
balonmano

اسکی
esquí

پولو
polo

فعالیت ها

actividades

خندیدن
reír
پریدن
saltar
بغل کردن
abrazar
راه رفتن
caminar
آواز خواندن
cantar
رؤیا دیدن
soñar
دعا کردن
rezar
بوسیدن
besar

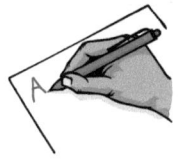

نوشتن

escribir

رسم کردن

dibujar

نشان دادن

mostrar

هل دادن

empujar

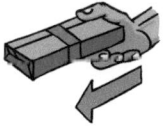

دادن

dar

برداشتن

tomar

داشتن

tener

انجام دادن

hacer

بودن

ser

ایستادن

estar de pie

دویدن

correr

کشیدن

tirar

پرتاب کردن

tirar

افتادن

caer

دراز کشیدن

yacer

منتظر بودن

esperar

حمل کردن

llevar

نشستن

estar sentado

لباس پوشیدن

vestirse

خوابیدن

dormir

بیدار شدن

despertar

تماشا کردن

mirar

گریه کردن

llorar

نوازش کردن

acariciar

شانه کردن

peinar

حرف زدن

hablar

فهمیدن

entender

پرسیدن

preguntar

شنیدن

escuchar

آشامیدن

beber

خوردن

comer

مرتب کردن

ordenar

عاشق بودن

amar

پختن

cocinar

رانندگی کردن

conducir

پرواز کردن

volar

قایقرانی کردن

navegar

محاسبه کردن

calcular

خواندن

leer

یاد گرفتن

aprender

کار کردن

trabajar

ازدواج کردن

casarse

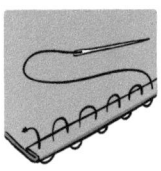

دوختن

coser

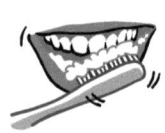

مسواک زدن

cepillarse los dientes

کشتن

matar

سیگار کشیدن

fumar

فرستادن

enviar

خانواده

familia

مادربزرگ
abuela
پدربزرگ
abuelo
پدر
padre
مادر
madre
کودک
bebé
فرزند دختر
hija
فرزند پسر
hijo

مهمان

invitado

خاله، عمه

tía

دایی، عمو

tío

برادر

hermano

خواهر

hermana

بدن
cuerpo

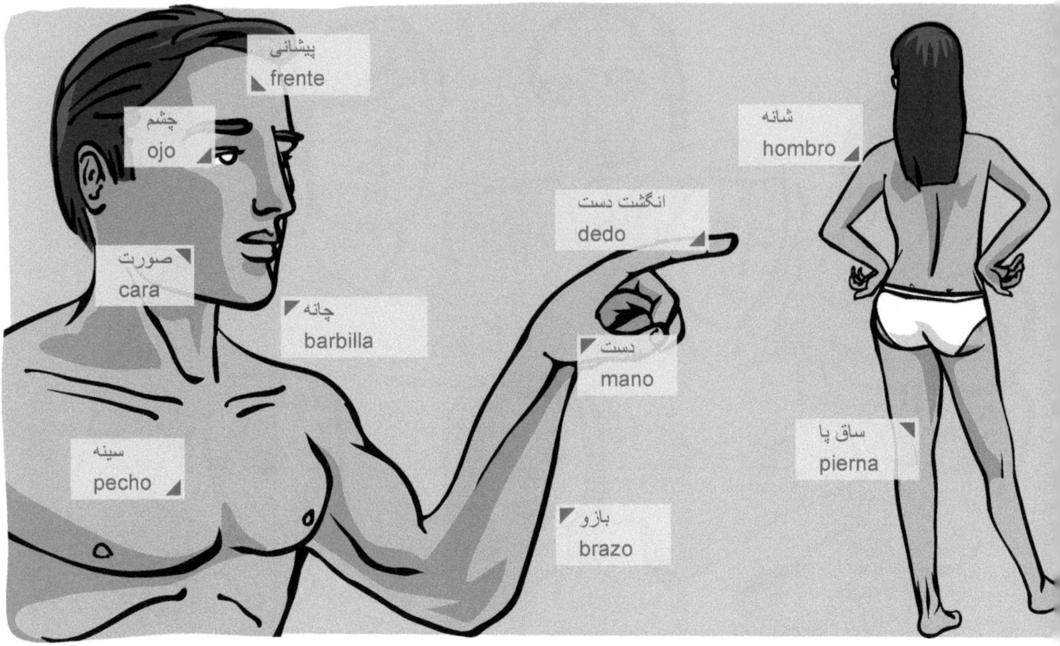

پیشانی
frente
چشم
ojo
شانه
hombro
انگشت دست
dedo
صورت
cara
چانه
barbilla
دست
mano
ساق پا
pierna
سینه
pecho
بازو
brazo

کودک
bebé

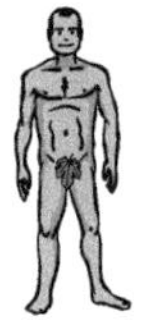

مرد
hombre

زن
mujer

دختربچه
chica

پسربچه
chico

کله
cabeza

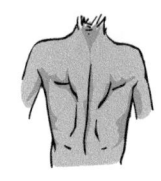

کمر
....
espalda

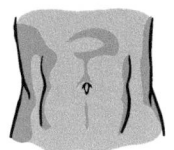

شکم
....
vientre

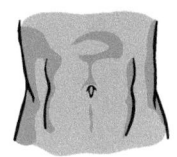

ناف
....
ombligo

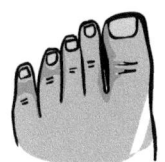

انگشت پا
....
dedo del pie

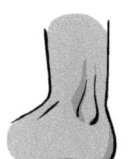

پاشنه
....
talón

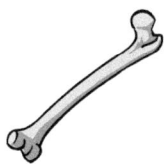

استخوان
....
hueso

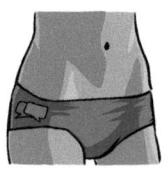

لگن
....
cadera

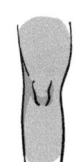

زانو
....
rodilla

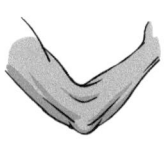

آرنج
....
codo

بینی
....
nariz

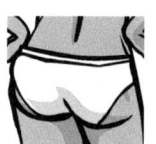

نشیمنگاه
....
trasero

پوست
....
piel

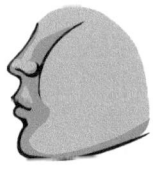

گونه
....
mejilla

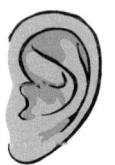

گوش
....
oído

لب
....
labio

دهان

boca

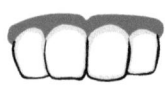

دندان

diente

زبان

lengua

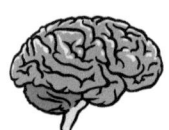

مغز

cerebro

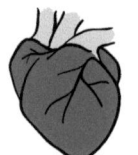

قلب

corazón

عضله

músculo

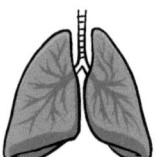

ریه

pulmón

کبد

hígado

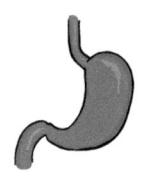

معده

estómago

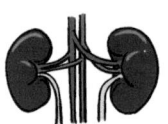

کلیه

riñones

آمیزش جنسی

sexo

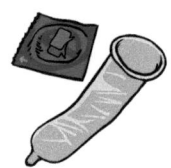

کاندوم

condón

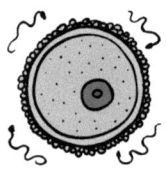

تخمک

ovario

اسپرم

semen

حاملگی

embarazo

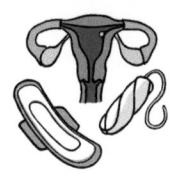

پریود

menstruación

واژن

vagina

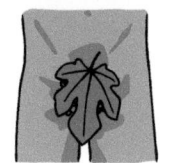

آلت تناسلی مرد

pene

ابرو

ceja

مو

pelo

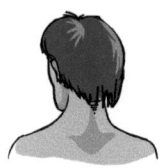

گردن

cuello

بیمارستان
hospital

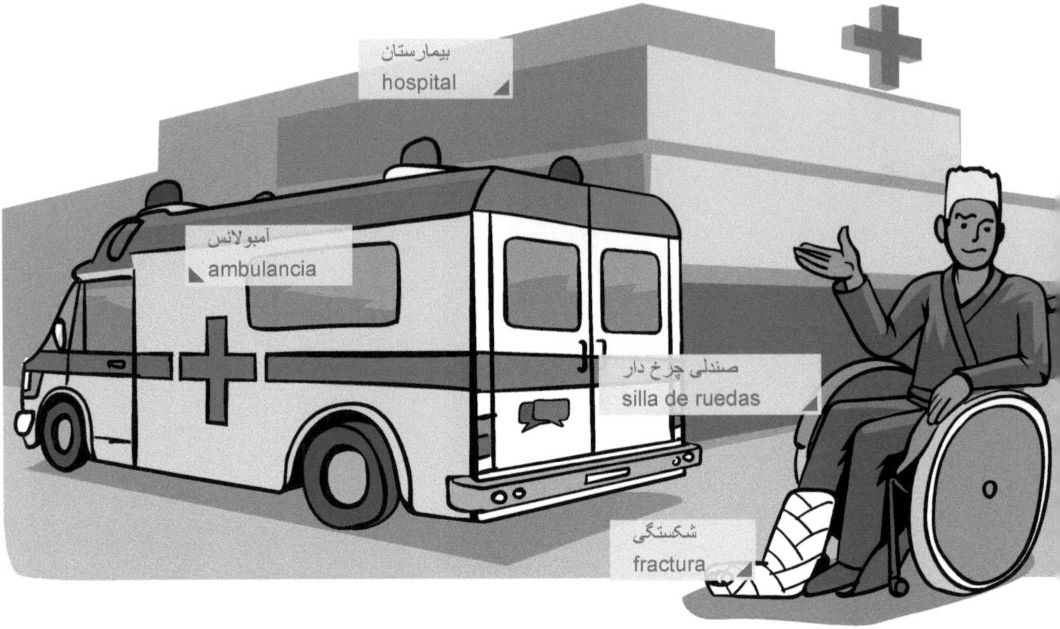

بیمارستان
hospital
آمبولانس
ambulancia
صندلی چرخ دار
silla de ruedas
شکستگی
fractura

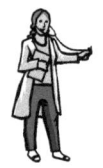

دکتر
....
médico

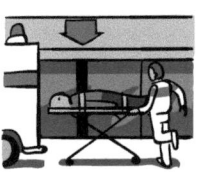

بخش اورژانس
....
sala de urgencias

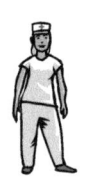

پرستار
....
enfermera

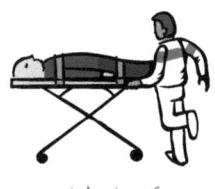

موقعیت اضطراری
....
urgencia

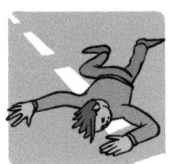

بی هوش
....
inconsciente

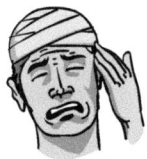

درد
....
dolor

مصدومیت

lesión

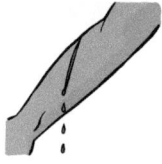

خونریزی

hemorragia

سکته قلبی

infarto

سکته مغزی

ictus

آلرژی

alergia

سرفه

tos

تب

fiebre

آنفولانزا

gripe

اسهال

diarrea

سردرد

dolor de cabeza

سرطان

cáncer

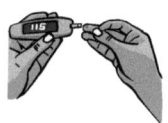

دیابت

diabetes

جراح

cirujano

چاقوی جراحی

bisturí

عمل جراحی

operación

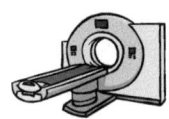

سی تی اسکن

TAC

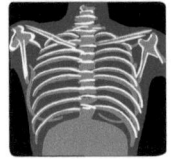

پرتونگاری

rayos x

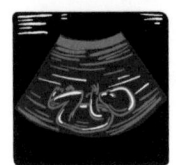

سونوگرافی

ultrasonido

ماسک صورت

mascarilla

بیماری

enfermedad

اتاق انتظار

sala de espera

چوب زیر بغل

muleta

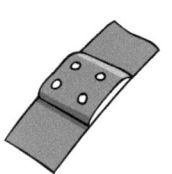

چسب زخم

tirita

پانسمان

venda

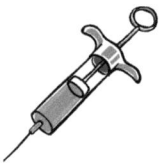

تزریق

inyección

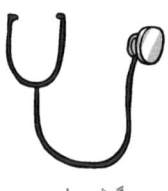

گوشی طبی

estetoscopio

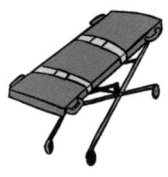

برانکار

camilla

دماسنج

termómetro

زایش

nacimiento

اضافه وزن

sobrepeso

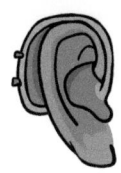

سمعک
....
audífono

ماده ضد غفونی کننده
....
desinfectante

عفونت
....
infección

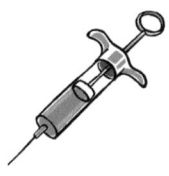

ویروس
....
virus

اچ آی وی / ایدز
....
VIH / SIDA

دارو
....
medicina

واکسیناسیون
....
vacunación

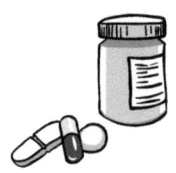

قرص
....
tabletas

قرص ضد حاملگی
....
pastilla

تماس اظطراری
....
llamada de urgencia

دستگاه اندازه گیری فشارخون
....
tensiómetro

مریض / سالم
....
enfermo / sano

موقعیت اضطراری

urgencia

کمک!

¡Socorro!

آژیر خطر

alarma

حمله

asalto

حمله ی فیزیکی

ataque

خطر

peligro

خروج اظطراری

salida de emergencia

آتش

¡Fuego!

کپسول آتش‌نشانی

extintor de incendios

تصادف

accidente

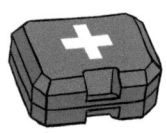

جعبه کمک های اولیه

botiquín de primeros auxilios

درخواست کمک

SOS

پلیس

policía

اروپا

Europa

آمریکای شمالی

Norteamérica

آمریکای جنوبی

Sudamérica

آفریقا

África

آسیا

Asia

استرالیا

Australia

اقیا نوس اطلس

Atlántico

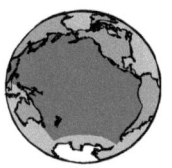

اقیانوس آرام

Pacífico

اقیانوس هند

Océano Índico

اقیا نوس اطلس جنوبی

Océano Antártico

اقیانوس منجمد شمالی

Océano Ártico

قطب، شمال

polo norte

قطب جنوب

polo sur

قاره قطب جنوب

Antártida

کره زمین

tierra

سرزمین

tierra

دریا

mar

جزیره

isla

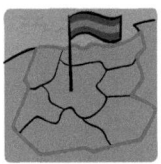

ملت

nación

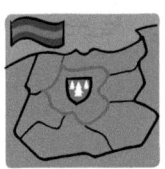

کشور

estado

ساعت
hora(s)

صفحه ی ساعت

....

esfera

ساعت شمار

....

manecilla de las horas

دقیقه شمار

....

minutero

ثانیه شمار

....

segundero

ساعت چند است؟

....

¿Qué hora es?

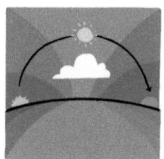

روز

....

día

زمان

....

tiempo

اکنون

....

ahora

ساعت دیجیتال

....

reloj digital

دقیقه

....

minuto

ساعت

....

hora

semana

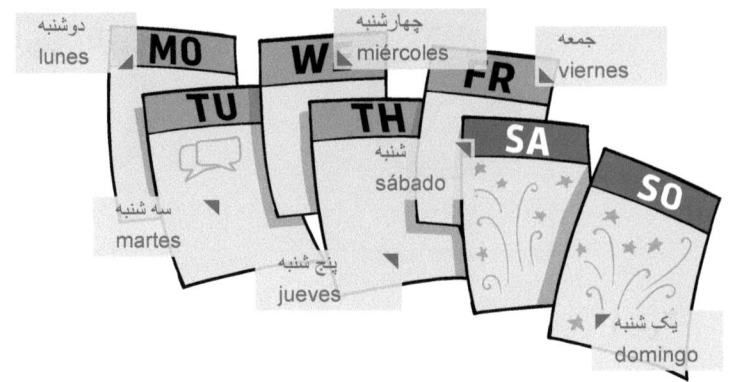

دوشنبه
lunes

چهارشنبه
miércoles

جمعه
viernes

سه شنبه
martes

شنبه
sábado

پنج شنبه
jueves

یک شنبه
domingo

دیروز
....
ayer

امروز
....
hoy

فردا
....
mañana

صبح
....
mañana

ظهر
....
mediodía

غروب
....
tarde

MO	TU	WE	TH	FR	SA	SU
1	2	3	4	5	6	7
8	9	10	11	12	13	14
15	16	17	18	19	20	21
22	23	24	25	26	27	28
29	30	31	1	2	3	4

روزهای کاری
....
días laborables

MO	TU	WE	TH	FR	SA	SU
1	2	3	4	5	6	7
8	9	10	11	12	13	14
15	16	17	18	19	20	21
22	23	24	25	26	27	28
29	30	31	1	2	3	4

آخر هفته
....
fin de semana

سال

año

رنگین کمان
arcoíris
باران
lluvia
برف
nieve
باد
viento
بهار
primavera
پاییز
otoño
تابستان
verano
زمستان
invierno

پیش‌بینی اوضاع جوی
....
pronóstico del tiempo

C

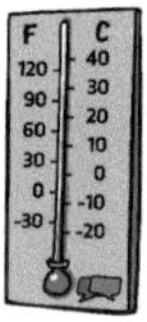

دماسنج
....
termómetro

تابش آفتاب
....
sol

ابر
....
nube

مِه
....
niebla

رطوبت هوا
....
humedad

صاعقه

rayo

آسمان غره

trueno

طوفان

tormenta

تگرگ

granizo

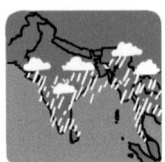

باد موسمی

monzón

سیل

inundación

یخ

hielo

ژانویه

enero

فوریه

febrero

مارس

marzo

آوریل

abril

مه

mayo

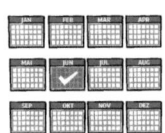

ژوئن

junio

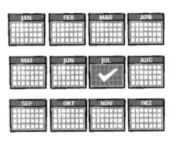

ژوئیه

julio

آگوست

agosto

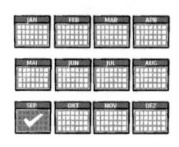

سپتامبر

septiembre

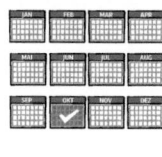

اُکتبر

octubre

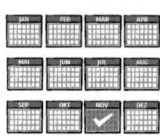

نوامبر

noviembre

دسامبر

diciembre

اَشکال

formas

دایره

círculo

مربع

cuadrado

مستطیل

rectángulo

سه گوش

triángulo

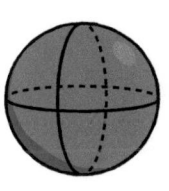

کُره

esfera

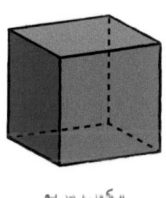

مکعب مربع

cubo

رنگ ها

colores

سفید

....

blanco

زرد

....

amarillo

نارنجی

....

anaranjado

صورتی

....

rosa

قرمز

....

rojo

بنفش

....

morado

آبی

....

azul

سبز

....

verde

قهوه ای

....

marrón

خاکستری

....

gris

سیاه

....

negro

خیلی / کم

mucho / poco

خشمگین / آرام

enojado / tranquilo

زیبا / زشت

bonito / feo

شروع / پایان

principio / fin

بزرگ / کوچک

grande / pequeño

روشن / تیره

claro / oscuro

برادر / خواهر

hermano / hermana

تمیز / آلوده

limpio / sucio

کامل / ناقص

completo / incompleto

روز / شب

día / noche

مرده / زنده

muerto / vivo

پهن / باریک

ancho / estrecho

قابل خوردن / غیر قابل خوردن

comestible / no comestible

غضبناک / مهربان

malo / amable

هیجان زده / بی حوصله

entusiasmado / aburrido

چاق / لاغر

gordo / delgado

اولین / آخرین

primero / último

دوست / دشمن

amigo / enemigo

پر / خالی

lleno / vacío

سفت / نرم

duro / blando

سنگین / سبک

pesado / ligero

گرسنگی / تشنگی

hambre / sed

مریض / سالم

enfermo / sano

غیرقانونی / قانونی

ilegal / legal

باهوش / خنگ

inteligente / tonto

چپ / راست

izquierda / derecha

نزدیک / دور

cerca / lejos

نو / استفاده شده

nuevo / usado

هیچ چیز / چیزی

nada / algo

پیر / جوان

viejo / joven

روشن / خاموش

encendido / apagado

باز / بسته

abierto / cerrado

آهسته / بلند

silencioso / ruidoso

ثروتمند / فقیر

rico / pobre

درست / غلط

correcto / incorrecto

زبر / صاف

áspero / suave

غمگین / خوشحال

triste / contento

کوتاه / بلند

corto / largo

کند / تند

lento / rápido

تَر / خشک

húmedo / seco

گرم / خنک

cálido / frío

جنگ / صلح

guerra / paz

números

0	1	2
صفر	یک	دو
cero	uno	dos
3	4	5
سه	چهار	پنج
tres	cuatro	cinco
6	7	8
شش	هفت	هشت
seis	siete	ocho
9	10	11
نه	دَه	یازده
nueve	diez	once

12

دوازده
....

doce

13

سیزده
....

trece

14

چهارده
....

catorce

15

پانزده
....

quince

16

شانزده
....

dieciséis

17

هفده
....

diecisiete

18

هجده
....

dieciocho

19

نوزده
....

diecinueve

20

بیست
....

veinte

100

صد
....

cien

1.000

هزار
....

mil

1.000.000

میلیون
....

millón

زبان ها
idiomas

انگلیسی

inglés

انگلیسی آمریکایی

inglés americano

چینی ماندارین

chino mandarín

هندی

hindi

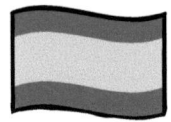

اسپانیایی

español

فرانسوی

francés

عربی

árabe

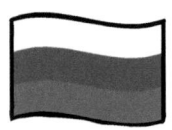

روسی

ruso

پرتغالی

portugués

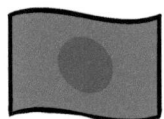

بنگالی

bengalí

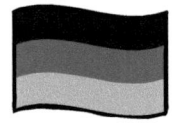

آلمانی

alemán

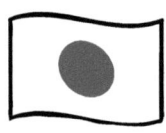

ژاپنی

japonés

چه کسی / چه چیزی / چگونه
quién / qué / cómo

من

yo

تو

tú

او

él / ella / ello

ما

nosotros/as

شما

vosotros/as

آنها

ellos/as

چه کسی؟ کی؟

¿quién?

چی؟

¿qué?

چگونه؟

¿cómo?

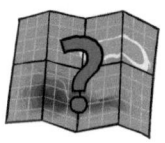

کجا؟

¿dónde?

کِی؟

¿cuándo?

نام

nombre

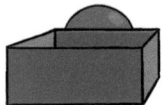

کجا
dónde

پشت

detrás

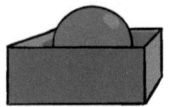

توی

en

جلو

delante de

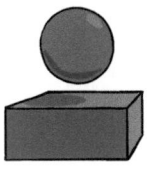

بالای

por encima de

روی

sobre

زیر

debajo de

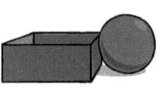

مجاور

junto a

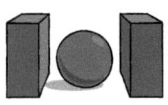

بین

entre

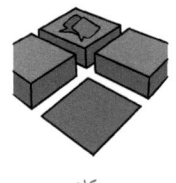

مکان

lugar